AF497837

FRANÇOIS Ier

BIBLIOTHÈQUE DU JEUNE AGE

BIBLIOTHÈQUE DU Jeunesse

FRANÇOIS Ier

PAR

RAOUL POSTEL

PARIS

LIBRAIRIE GÉNÉRALE DE VULGARISATION

A. DEGORCE-CADOT

François Ier.

FRANÇOIS IER

I

Physionomie générale du xvie siècle. — Portrait de François Ier. — Son caractère.

Celui qui se contenterait de juger le xvie siècle sur les faits extérieurs qui l'ont agité ou bouleversé tour à tour, répandant le sang et semant les ruines sur presque tous les points de l'Europe, qui n'interrogerait que les ambitions démesurées des Souverains, les heurts éclatants des armées ou les cris terribles de la querelle religieuse, celui-là risquerait fort de se tromper sur la portée véritable de cette date critique, laquelle ne fut qu'une ère subite de rénovation. L'esprit s'y dégage d'un seul coup de l'enveloppe matérielle qui l'étreint ; « la fleur délicate des Arts et de la Civilisation grandit et se fortifie au milieu des chocs violents qui semblent près de la détruire (1) » ; pour la première fois, enfin, va surgir cette puissance de l'opinion qui, désormais, sera bien réellement la

---

(1) Michelet, *Précis de l'Histoire moderne*, p. 121.

reine du monde. Le monde ancien s'est effondré sous cet effort nouveau, mais il ne s'y est pas résigné sans lutte : de là ces formidables tressaillements, cette commotion générale par tous les États et sous tous les prétextes. Dans cette procréation instantanée, l'homme demeure inconscient du courant qui l'emporte, mais il en est, malgré lui, l'instrument.

Deux peuples, cependant, et deux hommes dominent ce combat universel de l'idée : l'Italie avec Léon X, la France avec François Ier. Tandis que l'Espagne s'absorbe dans son rêve d'unité politique et religieuse, que l'Allemagne, avec sa constitution anarchique, se livre à toute l'audace des opinions et des systèmes, que l'Angleterre se prépare à fortifier par un Schisme encore plus politique que religieux l'égoïsme de ses aspirations, que l'Europe orientale se débat contre l'envahissement de ces nouveaux Barbares, les Turcs; l'Italie, si ravagée, si épuisée qu'elle soit par l'invasion répétée de bandes mercenaires, s'est ravivée, s'est relevée soudain dans un épanouissement universel des intelligences, et la France s'est associée à cet enthousiaste élan. La *Renaissance* est le produit de cette marche en avant de l'esprit humain, et les deux princes sous la protection éclairée et puissante desquels elle a pu naître et se développer reçoivent de l'admiration de leurs contemporains l'honneur de donner l'un et l'autre leur nom à leur siècle. Cette récompense, que la postérité a confirmée, est juste, au surplus. De quelque sévérité qu'on soit en droit de faire preuve à l'égard de certains faits du règne de François Ier

et du pontificat de Léon X, on ne peut, on ne doit
point comparer ces personnalités exceptionnelle-
ment originales à celles, si étroites ou si médio-
cres, des princes de l'âge précédent. Leurs fautes
elles-mêmes ont leur gloire, et leurs faiblesses
ont de la grandeur. « Ils n'ont pas fait leur siècle,
sans doute, mais ils s'en sont montrés dignes. Ils
ont aimé les Arts, et les Arts parlent encore pour
eux aujourd'hui et demandent grâce pour leur
mémoire. Le prix des Indulgences, dont la vente
souleva l'Allemagne, paya les peintures du Vati-
can et la construction de Saint-Pierre. Les exac-
tions de du Prat sont oubliées : l'Imprimerie
Royale, le Collège de France subsistent (1) ».

François d'Angoulême, duc de Valois, était né
à Cognac le 12 septembre 1494. Au hasard seul
il devait sa couronne, ayant été fiancé le 23 mai
1506 et ayant épousé le 18 mai 1514 Madame
Claude de France, la fille aînée du roi Louis XII,
que la politique antifrançaise de la reine Anne
de Bretagne avait, tout d'abord, destinée à l'héri-
tier de la maison d'Autriche, devenu plus tard
Charles-Quint. Il semblait que ces deux futurs
adversaires fussent destinés à une irréconciliable
rivalité dès leur enfance, et, en fait, à partir de
leur avènement réciproque au trône ils ne man-
quèrent plus, pour ainsi dire, aucune occasion
de se combattre. L'Europe entière paya les frais
de leurs haines, qui ne s'éteignirent guère, faute
d'aliment, chez leurs successeurs qu'à la fin du
siècle suivant.

(1) Michelet, *loc. cit.*, p. 124.

Ce fut le 1ᵉʳ janvier 1515 que François Iᵉʳ succéda à Louis XII. Il y avait entre ce nouveau roi de vingt ans et ses prédécesseurs un éclatant contraste. Dans tout ce monde qui disparaissait, pas une figure, en effet, qui lui soit comparable. Il est comme la combinaison unique de l'Antiquité et de la Chevalerie, comme la fusion du Moyen-Age qui meurt avec l'Ère moderne qui surgit, fleur étrange et splendide qui ne se verra qu'une fois. Ni avant, ni après, aucune personnification royale ne s'est produite ni ne se produira, en France, avec cette merveilleuse élégance qui séduit quiconque l'approche : non pas que cette élégance, que cette séduction soient son domaine exclusif ; mais il semble, tout naturellement, dominer le premier sur la génération olympienne qui est née ou qu'il a formée à son image. Louis XIV, cet autre demi-dieu couronné, n'absorbera son entourage que dans un rayonnement de convention ; François Iᵉʳ, lui, est une éclosion spontanée de l'Art nouveau, qui incarne tout à la fois dans son type majestueux et sa grâce et sa puissance (1).

Sa force, son adresse, son intrépidité répondent, en même temps, à sa taille de héros de la Table-Ronde. Dès son enfance, il n'aime que les jeux les plus violents, les plus périlleux : plus tard, ses chasses offriront le même caractère. Une fois, il trouva amusant de lâcher dans la cour du château d'Amboise un sanglier furieux, qu'il venait de prendre. L'animal heurte aux portes, en

____

(1) H. Martin, *Histoire de France* (4ᵉ édit.), t. VII, ch. XLVI, p. 435.

enfonce une, monte dans les appartements. On s'enfuit. Lui, très froidement, il lui va au-devant, lui plonge l'épée jusqu'à la garde ; le monstre roule et, par les degrés, retombe expirant dans la cour (1). François accomplira de pareils hauts faits, et de plus dangereux encore, jusqu'à la fin de sa vie. Son étonnant mépris de la mort lui méritera de ses contemporains, — gens experts, eux aussi, aux aventures et aux grands coups —, le surnom glorieux de *Roi-Chevalier*, qu'aucun monarque ne portera plus après lui dans l'Histoire.

Son visage et son caractère sont à l'avenant. Ensemble aussi complet que rare. Ses traits grands et doux, son œil rayonnant, son sourire plein de grâce, son esprit ingénieux, brillant, actif, curieux de tout, comprenant tout, prêt, comme son siècle lui-même, à toute nouveauté ; son imagination vive et colorée, son cœur plein d'élan, d'ouverture, de générosité prime-sautière, facile à l'émotion et à l'attendrissement ; tout concourt à la séduction immense qu'exerce ce jeune homme, formé par un gouverneur initié à toutes les lumières de l'Italie (2), tendrement aimé et inspiré par sa bonne et charmante sœur, Marguerite d'Angoulême, dont il tiendra tout son charme, tout son goût, tout ce qu'il aura de libéral dans l'esprit.

Tel est à son aurore, tel sera même, dans la plupart des circonstances, si troublées pourtant de son règne, — sauf en quelques rares excep-

(1) Michelet, *Renaissance*, p. 268.
(2) Artus Gouffier, sire de Boisi, fils du chambellan de Charles VII.

tions où il subira l'influence néfaste de sa mère,
Louise de Savoie. — Ce nouveau roi, en qui se
personnifie si bien la France de la Renaissance et
celle des derniers Valois, l'une et l'autre si rem-
plies d'éclat et de prestiges, et dont les légèretés
ou les défaillances s'absorbent dans l'entraine-
ment d'un irrésistible attrait. Un pareil prince,
qui refléta à ce point tout à la fois les qualités et
les défauts des deux races gauloise et française,
devait forcément devenir l'idole de ses sujets,
dont chacun aimait à se retrouver en lui. « Jamais, déclare le biographe de Bayard, n'avoit esté
veu roy en France de qui la noblesse s'esjouit
tant ». Le peuple l'admira bientôt de même.

II

Réorganisation de l'armée française. — Bataille de Marignan.
François Ier et Bayard. — Paix de Noyon.

Le premier acte du jeune roi fut un acte de
vigoureuse et nécessaire réforme. Sacré à Reims
le 25 janvier, il publiait, le 29, une Ordonnance
relative à la réorganisation de l'armée. Tout
d'abord, il augmentait d'un quart l'effectif de la
cavalerie, en portant de six à huit chevaux chaque
lance garnie : en même temps, des mesures étaient
prises pour assurer l'approvisionnement de vastes
corps de troupes, répartir la charge des réquisi-
tions le plus également possible, et en garantir le

paiement (1). La France était pleine du bruit des armes : François 1er aspirait ardemment à la recouvrance du Milanais ; aussi, non content d'agir au nom de sa femme, héritière de toutes les possessions et prétentions d'Italie (2), il se fit encore céder personnellement par elle tous les droits de la maison d'Orléans sur cette province. Mais il fallait de l'argent ; or, grâce aux précédentes campagnes de 1512 et de 1513, Louis XII, malgré toute son économie, avait laissé 1,800,000 livres de dettes à la France. Les guerres coûtent cher en tout temps, même les plus justes. Les tailles et les aides furent donc rehaussées ; des emprunts furent contractés ; on prit de toutes mains. La cavalerie française fut portée à 4,000 lances, c'est-à-dire à 32,000 chevaux ; une multitude de lansquenets furent attirés du nord de l'Allemagne par le duc de Gueldre et par les La Mark, qui nous servirent de raccoleurs ; même on fit venir des *estradiots* d'Albanie ; enfin, le roi s'attacha un homme qui, à lui seul, valait une armée, le fameux ingénieur Pedro Navarro, que l'Espagne tenait en disgrâce depuis la journée de Ravenne. Pour terminer, on renouvela les alliances ; l'Angleterre et les Pays-Bas nous garantirent leur neutralité, Venise et Gênes promirent leur concours ; seuls, l'Espagne, le pape et les Suisses se préparèrent à soutenir la lutte. Ces derniers envahirent brusquement la Lombardie.

Les Suisses, qui pensaient garder tous les passages des Alpes, apprennent avec étonnement

(1) Isambert, *Anciennes Lois françaises*, t. XII, p. 2-18.
(2) Isambert, *ibid.*, t. XI, p. 443.

que l'armée française a débouché par la vallée de
l'Argentière. Une masse de plus de 70.000 fantas-
sins et de 30.000 cavaliers, avec une artillerie de
72 grosses pièces et de 300 petites, a passé par
un défilé qui n'avait jamais été pratiqué jusque là
que par les chasseurs de chamois ! L'armée française s'avance en négociant jusqu'à Marignan
(*Melegnano*) : là, les Suisses, qu'on avait crus
gagnés, viennent fondre sur les Français avec
leurs piques de dix-huit pieds et leurs espadons
à deux mains, sans artillerie, sans cavalerie,
n'employant d'autre art militaire que la force du
corps, marchant droit aux batteries, dont les
décharges emportent des files entières, et soute-
nant plus de trente charges de ces grands chevaux
de bataille couverts d'acier comme les gens
d'armes qui les montent. Le soir, ils étaient
venus à bout de séparer les corps de l'armée française. Le roi, qui avait combattu vaillamment et
dont l'armure était toute faussée des coups nom-
breux qu'il avait reçus, ne voyait plus autour de
lui qu'une poignée de ses partisans. Il fut heureux
pour sa fortune que la nuit interrompît un pareil
choc. Comme François s'était placé près de l'artillerie, le poste le plus décisif et le plus dangereux,
il reposa sur un affût, à quelques pas d'un gros
bataillon suisse. Il écrivait, le lendemain, à sa
mère : « Toute la nuit demeurasmes le cul sur la
» selle, la lance au poing, l'armet à la tête....
» Et, pour ce que j'étois le plus près de nos enne-
» mis, m'a fallu faire le guet, de sorte qu'ils ne
» nous ont point appris au matin... Et croyez,
» madame, que nous avons été vingt heures à

« cheval, sans boire ni manger... Depuis deux
» mille ans, en ça n'a point été vue une si fière
» ni si cruelle bataille ».

Mais, pendant cette nuit, les Français se ralliè-
rent, et le combat recommença au jour, plus
furieux que jamais. Enfin, les Suisses entendent
le cri de guerre des Vénitiens, alliés de la France.
Ne pouvant plus, cette fois, soutenir la lutte, ils
serrèrent leurs rangs, et se retirèrent avec une
contenance si fière qu'on n'osa pas les poursuivre.
Mais la victoire était chèrement achetée : une
foule de braves capitaines et de gentilshommes
des plus illustres familles gisaient morts ou mou-
rants sur le champ de bataille, jonché de 15 ou
20,000 cadavres. Le roi avait failli se faire tuer
dix fois, tant son audacieuse bravoure l'avait
entraîné dans l'action. Le vieux maréchal Tri-
vulce, qui avait assisté à dix-huit batailles, disait
que toutes les autres journées n'étaient que des
jeux d'enfants, mais que Marignan était un combat de géants.

Après la victoire, le roi, voulant honorer par-
dessus tout l'illustre Bayard, qui s'était montré
« tel qu'il avoit accoutumé en pareil cas », se fit
conférer l'ordre de chevalerie de la main du « bon
chevalier sans peur et sans reproche ». Le chro-
niqueur Symphorien Champier nous a laissé d'intéressants détails sur cette scène émouvante.
Bayard s'excusa d'abord de faire le vouloir du roi,
sur ce que « celui qui est roi d'un si noble
royaume est chevalier sur tous autres chevaliers ».
Le roi ayant insisté, « alors prit son épée Bayard
et dit : — Sire, autant vaille que ce soit Roland

ou Olivier, Godefroi ou Baudoin son frère... Et puis après... cria hautement, l'épée en la main dextre : — Tu es bien heureuse d'avoir aujourd'hui à un si vertueux et puissant roi donné l'ordre de chevalerie ! Certes, ma bonne épée, vous serez moult bien comme reliques gardée, et sur toutes autres honorée, et ne vous porterai jamais, si ce n'est contre Turcs, Sarrasins ou Mores ». La cérémonie terminée, le roi conféra l'ordre, à son tour, à divers gentilshommes (13 septembre).

L'effet de la victoire de Marignan fut immense en Italie et en Europe, et la renommée éleva sur-le-champ François Iᵉʳ à une hauteur sans précédent : ce n'était plus là, comme Charles VIII, un conquérant de hasard exécutant, l'épée dans le fourreau, ses faciles conquêtes ; François Iᵉʳ avait forcé les Alpes comme Annibal, il avait vaincu les invincibles destructeurs de Charles le Téméraire ! La paix se fit sous ces influences, bien que le roi ne se fût point préoccupé d'en tirer tout le parti que sa politique, mieux conseillée, eût été en droit d'attendre. Les Suisses, ayant obtenu de François Iᵉʳ plus d'argent que Sforza ne pouvait leur en donner, ne reparurent plus en Italie. Le pape traita aussi avec le vainqueur, et obtint de lui le Concordat, qui abolissait la Pragmatique-Sanction de Bourges. L'alliance du pape et celle de Venise semblaient ouvrir au roi de France le chemin de Naples. Le jeune Charles d'Autriche, souverain des Pays-Bas, qui venait de succéder en Espagne à son aïeul Ferdinand le Catholique, avait besoin de la paix pour recueillir ce vaste

Bataille de Marignan, d'après un dessin de Holbein (Musée de Bâle).

héritage. François Ier jouit de sa victoire au lieu de l'achever. Le traité de Noyon (13 août 1516) rendit un instant le repos à l'Europe, et donna aux deux rivaux le temps de préparer une guerre plus terrible.

III

Rivalité de François Ier et de Charles-Quint. — Le Camp du Drap d'Or. — Révolte du connétable de Bourbon. — Bataille de Pavie. — Captivité de François Ier. — Traité de Madrid.

L'élection de Charles-Quint à l'Empire (28 juin 1519) fit éclater la sanglante rivalité des deux Souverains. Concurrent évincé à la couronne impériale, François Ier profita de son échec pour revendiquer ce qu'il considérait comme le reste de ses droits sur l'Italie, le royaume de Naples ; en même temps, il réclamait la Navarre pour Henri d'Albret. De son côté, l'Empereur exigeai. la restitution du Milanais et la remise du duché de Bourgogne. Une entente sur de pareilles bases étant impossible, on se prépara, des deux parts, à la guerre. Mais les ressources des adversaires pouvant passer pour égales, il importait de rechercher des alliés qui décidassent l'issue de la querelle. Le roi d'Angleterre s'offrait au plus généreux acquéreur : la France et l'Empire tournèrent donc leurs regards vers Henri VIII.

Le caractère si opposé des deux Souverains rivaux se peint, dès le début, dans leur façon de conquérir cette utile alliance.

François Ier obtint de Henri VIII une entrevue près de Calais, entre Ardres et Guines. On déploya de part et d'autre une magnificence inouïe. Des palais provisoires, de la plus élégante architecture, avaient été élevés aux portes de ces deux dernières places ; Henri VIII en avait un tout de verre ; celui de François Ier figurait cette forme de rotonde que les peintres de l'époque affectionnaient tant ; le roi de France avait fait fabriquer, en outre, tout un camp de tentes en drap d'or, doublées en velours, qui ne servirent même pas. La dépense que firent les Seigneurs des deux Cours en habits et en équipages « ne se peut estimer, raconte Martin du Bellay, tellement que plusieurs portèrent leurs moulins, leurs forêts et leurs prés sur leurs épaules... Pour quoi ladite Assemblée fut nommée le Camp du Drap d'Or (1) ». Pendant quinze jours, ce ne furent que tournois, bals, festins. François et Henri, tous deux robustes, adroits et de haute taille, se signalèrent également la lance au poing. Dans l'intervalle des joutes, il y eut des luttes corps à corps, où les Anglais, plus exercés, gagnèrent le prix, « parce que, dit Fleuranges, le roi de France n'avait point fait venir de lutteurs de Bretagne »; mais François Ier vengea les lutteurs français en

(1) Les Arts ont tenu à reproduire un peu partout cette entrevue fastueuse : mais le monument le plus intéressant qui nous en reste est le grand bas-relief du splendide Hôtel de Bourgtheroulde, à Rouen, aujourd'hui le Palais-de-Justice de cette ville.

jetant à terre Henri VIII, qui l'avait défié à ce jeu. Victoire impolitique, qui humilia la vanité du roi d'Angleterre, déjà froissé de s'être trouvé éclipsé en grâce et en magnificence, et qui aida peut-être beaucoup le cardinal Wolsey à empêcher Henri de prendre aucun engagement avec François Ier contre Charles-Quint (juin 1520).

Celui-ci du reste, beaucoup plus adroit, avait déjà prévenu cette entrevue en allant lui-même visiter en Angleterre Henri VIII, qui s'était montré vivement touché d'une telle démarche. L'Empereur avait gagné Wolsey en lui faisant espérer la tiare : fourberie à laquelle s'était laissé prendre le ministre. La négociation était, d'ailleurs, beaucoup plus facile pour Charles que pour François, le roi d'Angleterre en voulant par avance au roi de France, qui gouvernait l'Écosse par le duc d'Albany, son protégé et son sujet, au préjudice de Marguerite, veuve de Jacques IV et sœur de Henri VIII. En s'unissant à l'Empereur, le prince anglais avait la chance de recouvrer quelque chose des domaines que ses ancêtres avaient autrefois possédés en France.

Un incident faillit, peu après, changer prématurément la face de l'Europe. Le 6 janvier 1521, comme la Cour était allée fêter *les Rois* à Romorantin, François Ier, raconte Fleuranges, « sachant que M. de Saint-Pol avait fait un roi de la fève en son logis », envoya défier « le roi de M. de Saint-Pol ». Le roi de France alla assiéger le roi de la Fève. Les assiégés se défendirent avec des pelotes de neige, armes convenables à la saison ; mais, les munitions ayant manqué et les assaillants forçant la porte, « quelque mal avisé » jeta par la fenêtre un tison qui tomba sur la tête du roi, lequel fut grièvement blessé. Pendant quelques jours, les chirurgiens « ne purent assurer de sa santé ». Le bruit courut même que le roi était mort, ou aveuglé du coup : mais François, pour démentir ces rumeurs, se montra à tous les ambassadeurs « qui étoient suivant sa Cour », et se rétablit assez vite. Il ne voulut point qu'on recherchât qui avait jeté le tison, disant que « s'il avoit fait la folie, il falloit qu'il en bût sa part ». Le « mal avisé » était, paraît-il, Montgommery, seigneur de Lorges, père de celui qui, trente-huit ans plus tard, devait tuer dans un tournoi le successeur de François Ier. Certaines familles ont des destinées fatales.

Pendant ce temps, tout réussissait à l'Empereur. Il mit, tout d'abord, Léon X de son côté, puis eut le crédit de faire élever à la papauté son précepteur, Adrien d'Utrecht. D'autre part, les Français qui pénétrèrent en Espagne arrivèrent trop tard pour donner la main aux insurgés (1). Enfin, le gouverneur du Milanais, Lautrec, qui, disait-on, avait exilé de Milan près de la moitié des habitants, fut chassé de la Lombardie. Il le fut encore mieux l'année suivante ; les Suisses, devenus nos alliés, mais mal payés, demandèrent « congé » ou « bataille », et se firent battre à La Bicoque (29 avril 1522). L'argent destiné aux troupes avait été détourné par la reine-mère, en haine du général.

(1) Voir CHARLES-QUINT, de M. Édouard Cat (*Bibliothèque du Jeune Age*, Degorce-Cadot).

Au moment où François Ier songeait à rentrer en Italie, un ennemi intérieur mettait la France dans le plus grand danger. Il avait fait un passe-droit au connétable de Bourbon, l'un de ceux qui avaient le plus contribué à la victoire de Marignan. Cet habile général tenait de sa femme, petite-fille de Louis XI, le duché de Bourbon, les comtés de Clermont, de la Marche et d'autres domaines, qui faisaient de lui le plus grand seigneur du royaume. Devenu veuf, Louise de Savoie, qui avait voulu l'épouser en secondes noces et qui en avait éprouvé un refus, résolut de le ruiner : elle lui disputa donc cette riche succession et obtint de son fils que, provisoirement, les biens en litige seraient mis sous séquestre. Bourbon, désespéré, passa à l'Empereur (1523). Ce n'était plus là une simple révolte, devenue, du reste, impossible en France à cette époque : c'était une véritable conspiration contre l'existence même de la France, dont le connétable tramait le démembrement avec l'étranger. Il avait promis à Charles-Quint d'attaquer la Bourgogne dès que François Ier aurait passé les Alpes, de soulever cinq provinces où il se croyait le maître ; le royaume de Provence devait être rétabli en sa faveur, et la France, partagée entre l'Espagne et l'Angleterre, eût cessé d'exister comme nation. Il put jouir bientôt des malheurs de sa patrie. Devenu général des armées impériales, il vit fuir les Français devant lui à La Biagrasse ; il vit le chevalier Bayard frappé d'un coup mortel et couché au pied d'un arbre, « le visage devers l'ennemi, et dit audit Bayard qu'il avoit grand'pitié de lui, le voyant en cest estat, pour avoir esté si vertueux chevalier. Le capitaine Bayard lui fit response : Monsieur, il n'y a point de pitié en moy, car je meurs en homme de bien; mais j'ai pitié de vous, de vous veoir servir contre vostre prince et vostre patrie et vostre serment. (Martin du Bellay ». L'abandon entier du Milanais par les troupes françaises fut la conséquence de cette journée désastreuse (30 avril 1524).

Cette campagne, au surplus, n'offre à l'observateur qu'une série d'inexplicables inconséquences. Bourbon croyait que, dès sa première apparition en France, ses vassaux viendraient se ranger avec lui sous les drapeaux de l'étranger. Personne ne remua. Alors, les Impériaux s'avisent de pousser une pointe en France ; mais ils furent repoussés au siège de Marseille (19 août-28 septembre), et ne sauvèrent leur armée épuisée que par une retraite qui ressemblait à une fuite. Le roi eût pu les accabler en Provence ; il aima mieux les devancer en Italie.

A une époque de science militaire et de tactique, François Ier se croyait toujours au temps de la Chevalerie. Il mettait son honneur à ne point reculer, même pour vaincre. Il s'obstina au siège de Pavie (27 octobre); ne donna point le temps aux Impériaux, mal payés, de se disperser d'eux-mêmes; s'affaiblit en détachant 12.000 hommes vers le royaume de Naples. Il fut attaqué dans la nuit du 23 au 24 février 1525. Comme sa supériorité était dans l'artillerie, il dédaigna ce moyen, qu'il considérait comme indigne de lui, voulut décider la victoire par la gendarmerie, ainsi qu'il l'avait fait à Marignan, se précipita au devant de ses batteries et les rendit inutiles. Les auxiliaires Suisses s'enfuirent : les lansquenets furent écrasés. Alors, tout le poids de la bataille retomba sur le roi et sur ses gens d'armes. Ils firent merveille, chargeant avec fureur, le roi tuant de sa propre main ou renversant tous ceux qui osaient affronter son choc. Les vieux héros des guerres d'Italie, La Palisse, La Trémouille, Louis d'Ars, le bâtard de Savoie, le maréchal de Foix-Lescun furent portés par terre : le roi de Navarre, Montmorency, le comte de Saint-Pol, Fleuranges, Brion, une foule d'autres furent faits prisonniers. François Ier, blessé à la jambe et au visage, se défendait à pied, son cheval ayant été tué sous lui. Il était entouré de soldats, qui ne lui faisaient point merci, quand, par bonheur, un des gentilshommes français qui avaient suivi Bourbon l'aperçut et le sauva ; mais le roi, ne voulant point se rendre à un traître, fit appeler le vice-roi de Naples, qui reçut son épée à genoux. Huit mille Français avaient péri dans la mêlée. François goûta du moins, dans son malheur, une consolation singulièrement douce pour un caractère tel que le sien. Les soldats ennemis, grands et experts admirateurs de ses beaux coups d'épée, se partageaient ses dépouilles comme des reliques (1) et témoignaient pour le voir un empressement qui allait jusqu'à l'enthousiasme. Un arquebusier espagnol vint lui dire : « Sire, voici une

(1) Son armure, toutefois, fut envoyée à l'Empereur. C'est celle qui est au Louvre. Les Français l'ont reprise à Insprück, en 1806. Il paraît que Charles-Quint l'avait donnée à son frère, en gardant seulement l'épée, que nos troupes reprirent à Madrid, en 1808.

balle d'or que j'avais faite pour vous tuer ; prenez-la pour votre rançon ». François Ier, touché, l'accepta.

Dès le soir même de sa prise, il écrivit à sa mère une lettre, devenue célèbre. Toutefois, comme la tradition l'a fort altérée en lui donnant une forme d'un laconisme exagéré, nous croyons devoir la reproduire ici dans son texte véritable :

« Madame, disait-il, pour vous faire savoir
» comme se porte le reste de mon infortune, de
» toutes choses ne m'est demeuré que l'honneur
» et la vie qui est sauve. Et pour ce que, en votre
» adversité, cette nouvelle vous fera un peu de
» réconfort, j'ai prié qu'on me laissât vous écrire
» cette lettre, ce que l'on m'a aisément accordé ;
» vous suppliant ne vouloir prendre l'extrémité
» de vous-même, en usant de votre accoutumée
» prudence ; car j'ai l'espérance à la fin que Dieu
» ne m'abandonnera point, vous recommandant
» vos petits-enfants et les miens, et vous sup-
» pliant faire donner le passage à ce porteur
» pour aller et retourner en Espagne, car il va
» devers l'Empereur, pour savoir comme il vou-
» dra que je sois traité (1) ».

Charles-Quint savait bien que tout n'était pas, ne pouvait pas être perdu pour son adversaire ; il ne s'exagéra point son succès. Sentant bien que la France demeurait entière et forte malgré la perte d'une armée, il ne songea qu'à tirer de son

---

(1) A. Champollion, *Captivité du roi François Ier*, p. 129.

prisonnier un traité avantageux. François Ier était arrivé en Espagne croyant, d'après son cœur, qu'il lui suffirait de voir « son beau-frère » pour être renvoyé honorablement dans son royaume. Il n'en fut pas ainsi. L'Empereur maltraita son prisonnier pour en tirer une plus riche rançon. Cependant, l'Europe témoignait le plus vif intérêt pour « ce roi-soldat ». Erasme, sujet de Charles-Quint, osa écrire à celui-ci en faveur de son captif. Les nobles espagnols demandèrent qu'il fût prisonnier sur parole, s'offrant eux-mêmes pour caution. Ce ne fut qu'au bout d'un an, lorsque Charles craignit que son prisonnier ne lui échappât par la mort, lorsque François Ier eut abdiqué en faveur du Dauphin, qu'il se décida à le relâcher en lui faisant signer, à Madrid, un traité honteux. Le roi de France renonçait à ses prétentions sur l'Italie, promettait de faire droit à celles de Bourbon, de céder la Bourgogne, de donner ses deux fils en ôtages et de s'allier par un double mariage à la famille de Charles-Quint (14 janvier 1526).

A ce prix il fut libre (18 mars). Mais, comme l'a remarqué si justement M. Michelet, « il ne sortit pas tout entier de cette fatale prison; il y laissa cette bonne foi, cette confiance héroïque qui, jusque là, avaient fait sa gloire (1) ». A Madrid même, il avait protesté secrètement contre le traité. Redevenu roi, il ne lui fut pas difficile de l'éluder. Henri VIII, alarmé de la victoire de Charles-Quint, s'était allié à la France. Le pape,

_____

(1) Michelet, *Préc. de l'Hist. mod.*, p. 131.

Venise, Florence, Gênes, même le duc de Milan, qui, depuis Pavie, se trouvaient à la merci des armées impériales, ne voyaient plus dans les Français que des libérateurs. François Ier fit déclarer par les États de Bourgogne qu'il n'avait point le droit de céder aucune partie de la France ; et, lorsque Charles-Quint réclama l'exécution du traité en l'accusant de perfidie, il répondit qu'il en avait « menti par la gorge », le somma d' « assurer le camp », et lui laissa le choix des armes.

IV

Reprise des hostilités. — Traité de Cambrai. — Nouvelle réforme de l'armée française. — Invasion de la Provence. — Trèves de Nice et d'Aigues-Mortes. — Accroissement des impôts.

Une première bonne fortune lui advint ; le rebelle Bourbon s'était fait tuer à l'assaut de Rome (6 mai 1527) : c'était une complication en moins. Le sac de la Ville des Papes et la captivité du Souverain Pontife avaient, en même temps, excité l'indignation de toute l'Europe contre Charles-Quint, dont les reîtres du connétable étaient les auxiliaires soudoyés. François crut le moment favorable pour faire rentrer en Italie ses troupes, qui, quelques mois plus tôt, eussent sauvé Rome et Milan. Au mois d'août, Lautrec marcha sur Naples, pendant que les généraux impériaux négociaient avec leurs soldats pour les faire sortir de Rome; mais on le laissa manquer d'argent, comme dans les premières guerres. La peste s'en mêla également, et consuma son armée. Cependant, rien n'était perdu tant que l'on conservait des communications par mer avec la France. Mais François Ier commit l'imprudence de mécontenter André Doria, le premier marin de l'époque, en ne lui payant point la solde de ses galères, en nommant à son préjudice un amiral du Levant, surtout en ne respectant point les privilèges de Gênes, dont on essaya de tuer le commerce en faveur de Savone. Madame Louise de Savoie avait encore mis sa funeste main là. Doria, dont l'engagement avec la France venait d'expirer, se donna à l'Empereur, à la condition que sa patrie serait indépendante et dominerait de nouveau dans la Ligurie; ce qui fut accepté (mai-août 1528).

Malgré leurs haines respectives, les deux partis commençaient à souhaiter vivement la paix, Charles-Quint étant alarmé des progrès de la Réforme et de l'invasion du terrible Soliman, François, à bout de ressources, ne songeant plus qu'à s'arranger aux dépens de ses alliés. Il voulait retirer ses enfants, et garder la Bourgogne. Jusqu'à la veille du traité, il protesta à ses alliés d'Italie qu'il ne séparerait point ses intérêts des leurs. Il refusa aux Florentins la permission de faire une paix particulière avec l'Empereur, et, pendant ce temps, il signa sans bruit le traité de Cambrai, par lequel il les abandonnait, eux, et les Vénitiens, et tous ses partisans, à la vengeance de Charles

(5 août 1529). Cette odieuse convention bannit pour toujours les Français de l'Italie. Dès lors, le principal théâtre de la guerre sera partout ailleurs, en Savoie, en Picardie, aux Pays-Bas, en Lorraine.

Cette paix permit à François de prendre quelque repos et de chercher des alliances. En 1534, il déclarait son alliance avec Soliman. Ce fait imprévu montre, mieux que tout autre, quel pas immense en avant avait fait l'idée à cette époque : la Réforme n'agit que dans le domaine spéculatif des théories, le traité du roi Très-Chrétien avec le Sultan relègue brutalement, et d'un seul coup, le monde précédent et ses traditions dans les limbes de l'oubli. Et cette démarche est si bien réfléchie que, pour l'affirmer plus hautement, s'il est possible, François négocie également avec les Protestants d'Allemagne, avec Henri VIII, qui vient de répudier l'Église. Par malheur, les événements ne lui permirent pas de tirer d'aucun d'eux les secours qu'il en attendait. François Ier n'en renouvela pas moins la guerre en faisant envahir la Savoie (11 février 1536) et en menaçant le Milanais. Le duc de Savoie, alarmé des prétentions de la mère du roi, avait épousé la belle-sœur de Charles-Quint. Le duc de Milan, accusé par l'Empereur de traiter avec les Français, avait essayé de s'en disculper en faisant décapiter, sous un vain prétexte, l'ambassadeur de François, Maraviglia. François Ier restant seul, tout le monde le croyait perdu. On ne savait pas quelles ressources la France avait en elle-même.

Depuis 1533, le roi s'était enfin décidé à placer

la force militaire du pays dans l'infanterie, et dans une infanterie nationale. Il se souvenait que les Suisses avaient fait perdre la bataille de La Bicoque. peut-être celle de Pavie, et que les lansquenets avaient été rappelés par l'Empereur la veille de la bataille de Ravenne. Mais donner ainsi des armes au peuple, c'était, disait-on, courir un grand risque ! Dans une Ordonnance sur la chasse, rendue en 1517, François avait défendu le port d'armes sous des peines terribles. Néanmoins, il se décida à créer sept légions provinciales, fortes chacune de 6,000 hommes, et tirées des provinces frontières. Le fameux Montluc approuve ainsi cette innovation : « Au premier remuement de guerre, le roy François dressa des légionnaires, qui fut une très belle invention, si elle eust été bien suivye; car c'est le vray moyen d'avoir toujours une bonne armée sur pied, comme faisoient les Romains, et de tenir son peuple aguerry, combien que je ne sçay si cela est bon ou mauvais. La dispute n'en est pas petite; si aymerois-je mieux me fier aux miens qu'aux estrangers ». Ces troupes étaient encore peu aguerries lorsque les armées de Charles-Quint entrèrent à la fois en Provence, en Champagne et en Picardie (25 juillet 1536). Aussi François Ier, ne se reposant pas sur leur valeur, résolut d'arrêter l'ennemi en lui opposant un désert. Toute la Provence, des Alpes à Marseille et de la mer au Dauphiné, fut dévastée avec une inflexible sévérité par le maréchal de Montmorency : villages, fermes, moulins, tout fut brûlé, toute apparence de culture détruite. Le maréchal, établi dans un camp inattaquable entre le Rhône et la Durance, attendit patiemment que l'armée de l'Empereur se fût consumée devant Marseille. Charles-Quint fut contraint à la retraite (23 septembre), et obligé de consentir à la trêve de Nice, dont le pape Paul III se fit le médiateur (18 juin 1538). Un mois après, Charles et François se virent à Aigues-Mortes (16 juillet), et ces princes, qui s'étaient traités d'une manière si outrageante, dont l'un accusait l'autre d'avoir empoisonné le Dauphin, se donnèrent toutes les assurances d'une amitié fraternelle.

L'épuisement des deux rivaux était, pourtant, l'unique cause de la trêve. Pour ce qui concerne la France, François Ier avait sur Charles-Quint une sorte d'avantage dans sa facilité à pouvoir se ruiner. En effet, depuis l'avènement de Charles VIII, la richesse nationale avait pris un développement rapide par l'effet du repos intérieur; mais les dépenses surpassaient de beaucoup les ressources. Charles VII avait eu dix-sept cents hommes d'armes; François Ier en eut jusqu'à trois mille, sans compter six mille chevau-légers, et souvent douze ou quinze mille Suisses. Charles VII levait moins de deux millions d'impôts; Louis XII en leva cinq, François Ier près de neuf. Pour subvenir à ces dépenses, les rois ne convoquaient plus les États-Généraux depuis 1484 : ils leur substituaient des Assemblées de Notables, comme en 1526, et, le plus souvent, levaient de l'argent par voie d'Ordonnances qu'ils faisaient enregistrer au Parlement de Paris. Louis XII diminua, d'abord, les impôts et vendit les offices de finances ; mais il fut contraint, vers la fin de son règne, d'augmenter de nouveau les impôts, de faire des emprunts, d'aliéner les domaines royaux. François I⁰ʳ établit de nouvelles taxes, particulièrement en 1523, vendit et multiplia les charges de judicature (1515, 1522, 1524), fonda les premières rentes perpétuelles de l'Hôtel-de-Ville, aliéna les domaines royaux (1532, 1544), enfin institua la Loterie royale (1539). Tous ces moyens firent rentrer de l'argent. Pendant ce temps, le Nouveau-Monde, pressuré par les administrateurs impériaux, ne rendait rien, à ce point que l'Empereur, ayant contracté une dette de sept millions de ducats, ne trouvait plus à emprunter dans aucune banque ni à 13 ni à 14. Ses armées, non payées, se révoltèrent. En même temps, les Gantois s'insurgeaient. Jamais la position de Charles-Quint n'avait été aussi critique, et François avait beau jeu d'écraser peut-être définitivement son rival.

C'est à cette occasion que l'Empereur se résolut à venir en France (20 novembre 1539-2 février 1540). L'incident mérite qu'on s'y arrête.

V

Passage de Charles-Quint en France.

Voici comment Gaillard, historien estimé du xviiⁱ siècle, raconte et apprécie cet épisode.

Madame Claude de France, femme de François Ier.
(D'après une gravure du temps.)

« Les Gantois qui, dans la répartition d'un impôt appelé *don gratuit*, avaient été taxés à quatre cent mille florins, alléguèrent qu'en vertu de leurs privilèges leur consentement devait être d'abord obtenu. Ils commencèrent par des représentations et finirent par la révolte. L'Empereur, sur les plaintes qu'ils lui portèrent, ayant répondu qu'il fallait obéir à la Gouvernante des Pays-Bas, ils résolurent de désobéir et à la Gouvernante et à l'Empereur. Enhardis par l'éloignement de ce prince et bravant l'autorité d'une femme, ils chassèrent les Officiers Impériaux, se saisirent de quelques forts et de quelques châteaux aux environs de leur ville, tâchèrent d'engager dans leur rébellion Ypres, Bruges et les autres villes de la Flandre. Ils envoyèrent des députés au roi de France, comme à leur Seigneur suzerain, pour implorer sa protection et lui offrir les Pays-Bas, s'il les voulait secourir. L'offre était séduisante; le roi ne balança pas à la refuser. Sa probité scrupuleuse crut devoir ce respect à la trève nouvellement conclue; il fit plus, il avertit l'Empereur des dispositions de ses sujets, persuadé que l'intérêt commun des Souverains exigeait qu'ils se donnassent de ces sortes d'avis.....

« ...... La révolte des Gantois était parvenue au point de ne pouvoir plus être dissimulée ni rester impunie. L'Empereur jugea qu'elle demandait sa présence. Mais comment arriver en Flandre ?

« On pouvait y aller par trois chemins : par mer, par l'Allemagne, par la France.

« Le premier était impraticable ; les rebelles s'étaient emparés des ports, il n'était pas possible d'aborder. D'ailleurs, l'Empereur pouvait être jeté par les vents contraires sur les côtes d'Angleterre, dont le roi était son mortel ennemi depuis le divorce avec Catherine d'Aragon.

« Par l'Allemagne le chemin eût été long et la marche lente, parce qu'on n'eût pu traverser sans une escorte considérable les États des princes protestants.

« Il ne restait donc que le passage par la France; c'eût été le plus mauvais parti peut-être si le roi de France eût été Charles-Quint, mais c'était François Ier, et son rival le connaissait bien. Il fit demander ce passage au roi sous la promesse solennelle de l'investiture du Milanais et avec des remerciements du généreux et utile avis qu'on lui avait donné.

« Lorsque l'affaire fut proposée au Conseil du roi, les avis furent partagés, non pas sur la liberté du passage que le roi avait bien résolu d'accorder, mais sur les assurances qu'on pouvait prendre pour forcer une fois l'Empereur à tenir sa parole. Le cardinal de Tournon voulait qu'on tirât de lui une promesse par écrit, et c'était l'avis de la plus grande partie du Conseil : mais le connétable de Montmorency trouva plus noble et plus digne de son maître de laisser passer l'Empereur sans condition et de s'en rapporter à sa bonne foi, comme l'Empereur s'en rapportait à celle du roi en passant par ses États. Montmorency avait deviné les sentiments du roi : ce conseil était trop conforme à son caractère pour n'être pas avidement saisi. Sur cela, les petits politiques se sont élevés contre François Ier; ils lui ont prodigué le reproche de duperie plus durement encore qu'à Charles-Quint celui de fourberie ; car ils sont toujours plus favorables au trompeur qu'au trompé. Pour Montmorency, ils l'ont soupçonné d'intelligence avec l'Empereur, ne pouvant concevoir qu'il eût donné de bonne foi un pareil conseil. Examinons ce reproche.

« L'Empereur, en se mettant ainsi entre les mains de François Ier après tout ce qui s'était passé, rendait un juste hommage à la vertu de son rival ; la confiance d'une âme forte en une âme généreuse ne pouvait aller plus loin : il n'y avait peut-être que François Ier à qui Charles-Quint pût se fier ainsi. Fallait-il trahir cette glorieuse confiance en faisant arrêter Charles-Quint jusqu'à ce qu'il eût donné l'investiture du Milanais ? Non sans doute, ce n'est pas cela qu'on prétend ; on dit seulement qu'il aurait fallu tirer de lui une promesse par écrit de cette investiture. Eh ! de quoi eût servi un pareil écrit ? François Ier n'avait-il pas donné lui-même, par l'avis de son Conseil, le mauvais exemple de soutenir que les engagements pris par un ennemi au pouvoir de son ennemi n'étaient pas obligatoires ? L'Empereur l'avait-il oublié, et, indépendamment d'un pareil exemple, n'eût-il pas bien trouvé de lui-même cette défaite, plus digne de lui que de François Ier ? Aussi ne manqua-t-il pas de dire à ce dernier : « N'exigez de moi aucune autre promesse » que celle que je vous fais verbalement et volon- » tairement. Les écrits que je vous donnerais n'a- » jouteraient rien à votre sûreté. L'Europe les » attribuerait toujours à la dépendance, au défaut

» de liberté ; si je venais à mourir, mes succes-
» seurs saisiraient ce prétexte pour se dispenser
» de tenir une promesse qu'ils respecteront da-
» vantage quand ils la regarderont comme un
» engagement d'honneur ; moi-même je ne pour-
» rais me dissimuler qu'un prince de qui je n'ai
» point tiré d'écrit pour venir dans ses Etats en
» aurait tiré de moi pour m'y laisser passer, et
» que mon frère aurait mieux aimé arracher
» cette investiture à ma situation forcée que de la
» devoir à ma libre reconnaissance. Attendez que
» je sois arrivé dans la première ville de mes
» Etats ; alors, je vous donnerai en Souverain
» l'investiture dont je souscrirais ici la promesse
» en prisonnier ; et ce libre ouvrage de la justice
» et de l'amitié sera au-dessus de toute critique
» et de tout prétexte ».

« Le discours était captieux ; mais il était sans
réplique après les motifs allégués autrefois contre
l'exécution du traité de Madrid : il nous semble
qu'un écrit de plus n'aurait rien changé aux procédés de l'Empereur, et que François Ier fit très
bien de ne pas gâter, par une précaution inutile
autant que peu noble, un acte généreux de confiance héroïque ; moins il mettait de bornes à cette
confiance, plus il accroissait le déshonneur du
prince qui se disposait à le tromper, et malheur
à qui ne sent pas combien François Ier eut d'avantage sur son rival dans toute cette affaire ! Lais-
sons donc Triboulet, le fou de François Ier, écrire
sur ses tablettes (qu'il appelait le *Journal des
Fous*) le nom de l'Empereur, plus fou que lui,
disait-il, d'oser passer par la France ; laissons-le

répondre à François Ier qui lui disait : « Que diras-tu donc si je le laisse passer ? — « Alors, Sire, j'effacerai son nom et je mettrai le vôtre à la place ». Ce trait est plaisant et hardi ; mais la politique des rois ne se règle pas par les bons mots d'un plaisant de Cour.

« Pour oser décider que François Ier ait été dupe de Charles-Quint, il faudrait être sûr qu'il crut aux promesses de ce prince. Mais on ne peut le penser sans oublier combien François Ier avait d'esprit, combien ses vues étaient fines et perçantes, combien il connaissait l'Empereur, combien de fois il avait prédit et annoncé de loin les fourberies qu'il lui voyait préparer. Mais s'il voyait si bien tous ces pièges, que ne les évitait-il ? C'est qu'ils étaient inévitables. L'Empereur avait absolument résolu de conserver le Milanais, il n'y avait que la force qui pût le lui arracher. Du reste, il pouvait négocier, promettre, mentir, tromper, mais il ne séduisait point François Ier.

« Ce prince, ayant résolu de recevoir son rival en frère et en ami, crut ne pouvoir trop lui prodiguer d'égards et d'honneurs ; il envoya ses deux fils le recevoir à Bayonne. Le connétable, chargé de les conduire, les présenta à l'Empereur en le priant de vouloir bien les accepter pour ôtages. « Je les accepte, dit l'Empereur, non » pour les envoyer en Espagne me servir d'ôtages, » mais pour les retenir auprès de moi comme mes » compagnons de voyage ».

« Qu'on se rappelle que, trois ans auparavant, Charles-Quint avait été soupçonné de l'empoison-

nement du Dauphin, leur frère, ou du moins
qu'on avait fait semblant, en France, de l'en
soupçonner, et qu'on juge si, en se sentant coupable de ce crime, il eût osé s'exposer à venir en
France ; qu'on juge si François Iᵉʳ, l'en croyant
coupable, lui aurait ainsi confié ses deux autres
fils. Mais nous avons détruit ailleurs cet injuste
soupçon, que la France s'était plutôt efforcée d'avoir
qu'elle ne l'avait eu.

« Le roi, à peine guéri, vint lui-même au devant de l'Empereur jusques à Châtellerault, où il
lui donna des fêtes superbes, ainsi qu'à Amboise,
à Blois, à Orléans, à Fontainebleau ; mais rien ne
put égaler la pompe de l'entrée de l'Empereur dans
la capitale. On peut en lire la description dans
Belleforêt ; nous nous contenterons d'observer ici
que tous les princes du sang, les cardinaux, tous
les grands de la Cour, le Parlement, l'Université,
toutes les Compagnies municipales, tous les corps
de Magistrature accompagnaient sa marche. Le
connétable de France marchait devant lui l'épée
nue à la main, comme devant le roi. Dans toutes
les villes où l'Empereur passait, il délivrait les
prisonniers et exerçait tous les actes d'autorité
bienfaisante. C'est le plus grand honneur qu'un
Souverain puisse rendre dans ses États à un Souverain étranger que de lui céder ainsi le droit de
faire du bien et de mériter l'amour.

« Mais, au milieu de ces fêtes et de ces honneurs, l'Empereur n'était pas sans inquiétude ; il
sentait ce que sa situation avait de délicat. Rien
n'était indifférent à ses yeux, rien ne lui parais-
sait fait par hasard ; il voyait du dessein formé

partout : un accident, un jeu d'enfant, une plaisanterie, tout l'alarmait.

« A Amboise, le feu prit, on ne sait comment, à une tapisserie de soie ; en un moment, la salle fut si remplie de fumée que l'Empereur pensa être étouffé. Il ne dit pas ce qu'il en pensait. Le roi fit d'inutiles recherches pour découvrir l'auteur de l'incendie ; il fit mettre en prison ceux sur qui les soupçons pouvaient tomber ; mais l'Empereur, exerçant sa noble prérogative, les fit mettre en liberté comme les autres prisonniers.

« Dupleix raconte que le chancelier Poyet, étant allé pour le saluer à son dîner, accrocha la queue de sa longue robe à une bûche, et qu'en la secouant maladroitement il fit tomber la bûche sur la tête de l'Empereur, qui fut fort blessé, mais qui dissimula pendant le dîner la douleur qu'il sentait et n'eut rien de plus pressé ensuite que de se faire traiter par son chirurgien.

« Un jour, le duc d'Orléans, jeune prince gai, folâtre et très agile, sauta sur la croupe du cheval de l'Empereur, et, le tenant embrassé, s'écria : « Votre Majesté impériale est actuellement mon » prisonnier ! » Ce mot, ainsi que l'action, fit tressaillir l'Empereur ; il se remit pourtant, et prit le parti d'en rire.

« Le roi lui dit un autre jour, en lui montrant la duchesse d'Étampes : « Voyez-vous, mon frère, » cette belle dame ? Elle est d'avis que je ne vous » laisse point sortir de Paris que vous n'ayez ré- » voqué le traité de Madrid ». L'Empereur, déconcerté, se contenta de répondre avec une froideur qu'il cherchait à rendre ferme : « Si l'avis

» est bon, il faut le suivre ». Il trembla, cependant, que la générosité naturelle du roi ne cédât enfin aux instances de sa maîtresse, et il crut devoir la mettre dans ses intérêts. Il imagina des galanteries ingénieuses. Dès le lendemain, allant se laver les mains pour se mettre à table, il tira de son doigt un diamant d'un très grand prix et le laissa tomber aux pieds de la duchesse, qui lui présentait la serviette ; elle ramassa le diamant et voulut le rendre. L'Empereur refusa de le reprendre, et la pria d'une manière si galante d'accepter qu'il fallut obéir et, apparemment, ménager dans la suite un prince si magnifique et si habile.

« L'Empereur resta environ huit jours à Paris : il lui tardait d'en être sorti par les raisons que nous venons de dire et qu'il ne disait pas ; l'impatience d'aller réduire les Gantois lui servait de prétexte. Sur sa route, il s'arrêta à Chantilly, dès lors un des plus beaux lieux du royaume ; le connétable de Montmorency l'y traita magnifiquement, et le conduisit ensuite jusqu'à Valenciennes. Là, il lui demanda l'exécution de sa promesse. L'Empereur embarrassé, ne voulant point encore montrer son infidélité à découvert, parce qu'il pouvait être obligé d'avoir recours au roi pour soumettre les Flamands, se contenta de répondre qu'il fallait lui laisser le temps de délibérer avec son Conseil sur la forme et sur les conditions de l'investiture ; que, d'ailleurs, il était naturel qu'il commençât par ses propres affaires ; que la plus pressée était de réduire les Gantois, après quoi son premier soin serait de satisfaire le roi son frère. Le connétable revint avec cette réponse. assez mal content du succès de son voyage.

« Les Gantois. ayant vu leur projet échouer contre la générosité du roi et ayant perdu toute espérance d'être secourus. se soumirent à l'Empereur. Il entra en vainqueur dans la ville de Gand. désarma les habitants, abolit leurs privilèges, fit mourir sept ou huit des plus séditieux, et ne pardonna aux autres qu'à la condition qu'ils imposeraient eux-mêmes le joug sur leurs têtes en faisant construire. à leurs dépens, une citadelle dont ils entretiendraient aussi la garnison. Il eût peut-être été plus sûr, pour l'autorité de l'Empereur. que cette garnison eût été entretenue à ses dépens ; mais il n'avait point d'argent. et les Gantois en avaient.

« Georges de Selve. évêque de Vabres, était resté auprès de l'Empereur pour lui rappeler ses engagements et tirer de lui une réponse définitive sur l'affaire du Milanais. Il la demanda avec instance. L'Empereur. bien sûr alors de n'avoir pas besoin des Français, leva honteusement le masque et osa nier qu'il eût rien promis. Le roi avait beau s'attendre à cette infidélité. elle était si contraire à son caractère qu'il ne put s'empêcher d'en être indigné. L'Europe. attentive à cet événement. dut admirer François. le plaignit peut-être, et reconnut Charles-Quint (1) ».

Ce long extrait met admirablement en relief le caractère chevaleresque et plein d'honneur du roi de France, et non moins admirablement en

____

(1) Gaillard, *Histoire de François Ier*. t. IV, p. 12-20.

opposition les sentiments mesquins et fourbes de l'Empereur son rival.

VI

Parallèle entre François Ier et Charles-Quint.

Fénelon a mis en présence, mais sur une autre scène, les deux grands Souverains du xvie siècle. Il imagine que, après la mort de François Ier et de Charles-Quint, leurs âmes se rencontrent aux Champs-Élysées, et, là, il leur prête le dialogue suivant, non moins remarquable par le sens historique que par la ferme simplicité du style. Nous le reproduisons en entier, parce qu'il nous semble un des plus beaux et des plus justes morceaux qui soient sortis de la plume éloquente de l'illustre archevêque de Cambrai.

« CHARLES. — Maintenant que toutes nos affaires sont finies, nous ne ferions pas mal de nous éclaircir sur les déplaisirs que nous nous sommes donnés l'un à l'autre.

« FRANÇOIS. — Vous m'avez fait beaucoup d'injustices et de tromperies ; je ne vous ai jamais fait de mal que par les lois de la guerre : vous m'avez arraché, pendant que j'étais en prison, l'hommage du comté de Flandre ; le vassal s'est prévalu de la force pour donner la loi à son Souverain (1).

(1) En tant que comte de Flandre, Charles-Quint, aux termes du Droit féodal, était vassal du roi de France.

« CHARLES. — Vous étiez libre de ne renoncer pas.

« FRANÇOIS. — Est-on libre en prison?

« CHARLES. — Les hommes faibles n'y sont pas libres ; mais, quand on a un vrai courage, on est libre partout. Si je vous eusse demandé votre couronne, l'ennui de votre prison vous aurait-il réduit à me la céder?

« FRANÇOIS. — Non, sans doute ; j'aurais mieux aimé mourir que de faire cette lâcheté : mais, pour la mouvance du comté de Flandre, je vous l'abandonnai par lassitude, par ennui, craignant d'être empoisonné, par l'intérêt de retourner dans mon royaume, où tout avait besoin de ma présence, enfin par l'état de langueur qui me menaçait d'une mort prochaine. Et, en effet, je crois que je serais mort sans l'arrivée de ma sœur.

« CHARLES. — Non seulement un grand roi, mais un vrai chevalier aime mieux mourir que de donner une parole, à moins qu'il ne soit résolu de la tenir à quelque prix que ce puisse être. Rien n'est si honteux que de dire qu'on a manqué de courage pour mourir, et qu'on s'est délivré en promettant de mauvaise foi. Si vous étiez persuadé qu'il ne vous était pas permis de sacrifier la grandeur de votre État à la liberté de votre personne, il fallait savoir mourir en prison, mander à vos sujets de ne plus compter sur vous et de couronner votre fils : vous m'auriez bien embarrassé (1).

(1) Au temps où écrivait Fénelon, on ignorait que François Ier avait eu, en effet, recours à cet expédient, et que cela n'avait pas peu contribué à hâter sa délivrance. Ce fait important n'a été découvert qu'en 1774, par l'abbé Garnier, dans les *Registres du Parlement de Paris.*

Un prisonnier qui a ce courage se met en liberté dans sa prison ; il échappe à ceux qui le tiennent.

« FRANÇOIS. — Ces maximes sont vraies. J'avoue que l'ennui et l'impatience m'ont fait promettre ce qui était contre l'intérêt de mon Etat et que je ne pouvais ni exécuter ni éluder avec honneur. Mais est-ce à vous à me faire un tel reproche ? Toute votre vie n'est-elle pas un continuel manquement de parole ? Un homme intrépide, il est vrai, se laisse égorger plutôt que de promettre ce qu'il ne peut pas tenir ; mais un homme juste n'abuse pas de la faiblesse d'un autre homme pour lui arracher, dans sa captivité, une promesse qu'il ne peut ni ne doit exécuter. Qu'auriez-vous fait si je vous eusse retenu en France quand vous y passâtes, quelque temps après ma prison, pour aller dans les Pays-Bas ? J'aurais pu vous demander la cession du Milanais, que vous m'aviez usurpé.

« CHARLES. — Je passais librement en France sur votre parole ; vous n'étiez pas venu librement en Espagne sur la mienne.

« FRANÇOIS. — Il est vrai ; je conviens de cette différence. Mais, comme vous m'aviez fait une injustice en m'arrachant dans ma prison un traité désavantageux, j'aurais pu réparer ce tort en vous arrachant, à mon tour, un autre traité plus équitable ; d'ailleurs, je pouvais vous arrêter chez moi jusqu'à ce que vous m'eussiez restitué mon bien, qui était le Milanais.

« CHARLES. — Attendez ; vous joignez plusieurs choses qu'il faut que je démêle. Je ne vous ai jamais manqué de parole à Madrid, et vous m'en auriez manqué à Paris si vous m'eussiez arrêté sous un prétexte de restitution. quelque juste qu'elle pût être. C'était à vous à ne me permettre le passage qu'en me demandant le préliminaire de la restitution ; mais. comme vous ne me l'avez point demandé. vous ne pouviez l'exiger en France sans violer votre promesse. D'ailleurs, croyez-vous qu'il soit permis de repousser la fraude par la fraude ? Vous justifiez un malhonnête homme en l'imitant. Dès qu'une tromperie en attire une autre, il n'y a plus rien d'assuré parmi les hommes, et les suites funestes de cet engagement vont à l'infini. Le plus sûr pour vous-même est de ne vous venger du trompeur qu'en repoussant toutes ses ruses sans le tromper.

« François. — Voilà une sublime philosophie, voilà Platon tout pur. Mais je vois bien que vous avez fait vos affaires avec plus de subtilité que moi ; mon tort est de m'être fié à vous. Le connétable de Montmorency aida à me tromper, il me persuada qu'il fallait vous piquer d'honneur en vous laissant passer sans condition. Vous aviez déjà promis dès lors de donner l'investiture du duché de Milan au plus jeune de mes trois fils ; après votre passage en France. vous réitérâtes encore cette promesse toutes les fois que vous crûtes avoir besoin de m'en amuser. Si je n'eusse pas cru le connétable, je vous aurais fait rendre le Milanais avant que de vous laisser passer dans les Pays-Bas. Jamais je n'ai pu pardonner ce mauvais conseil de mon favori ; je le chassai de ma Cour.

« Charles. — Plutôt que de rendre le Milanais j'aurais traversé la mer.

« FRANÇOIS. — Votre santé, la saison et les périls de la navigation vous ôtaient cette ressource. Mais, enfin, pourquoi me jouer si indignement à la face de toute l'Europe, et abuser de l'hospitalité la plus généreuse ?

« CHARLES. — Je voulais bien donner le duché de Milan à votre troisième fils ; un duc de Milan de la maison de France ne m'aurait guère plus embarrassé que les autres princes d'Italie. Mais votre second fils, pour lequel vous demandiez cette investiture, était trop près de succéder à la couronne ; il n'y avait entre vous et lui que le Dauphin, qui mourut. Si j'avais donné l'investiture au second, il se serait bientôt trouvé tout ensemble roi de France et duc de Milan ; par là, toute l'Europe aurait été à jamais dans la servitude. C'est ce que j'ai prévu, et ce que j'ai dû éviter.

« FRANÇOIS. — Servitude pour servitude, ne valait-il pas mieux rendre le Milanais à son maître légitime, qui était moi, que de le retenir dans vos mains sans apparence de droit ? Les Français, qui n'avaient plus un pouce de terre en Italie, étaient moins à craindre dans le Milanais pour la liberté publique que la maison d'Autriche revêtue du royaume de Naples et des droits de l'Empire sur tous les fiefs qui relèvent de lui en ce pays-là. Pour moi, je dirai franchement, toute subtilité à part, la différence de nos deux procédés. Vous aviez toujours assez d'adresse pour mettre les formes de votre côté et pour me tromper dans le fond : j'avais, tout au contraire, assez d'honneur pour aller droit dans le fond ; mais, par faiblesse, par impatience ou par légèreté, je ne prenais pas assez de précautions, et les formes étaient contre moi. Ainsi, je n'étais trompeur qu'en apparence, et vous l'étiez dans l'essentiel. Pour moi, j'ai été assez puni de mes fautes dans les temps où je les ai faites. Pour vous, j'espère que la fausse politique de votre fils me vengera assez de votre injuste ambition. Il vous a contraint de vous dépouiller pendant votre vie : vous êtes mort dégradé et malheureux, vous qui aviez prétendu mettre toute l'Europe dans les fers. Ce fils achèvera son ouvrage ; sa jalousie et sa défiance tyrannique abattront toute vertu et toute émulation chez les Espagnols ; le mérite, devenu suspect et odieux, n'osera paraître : l'Espagne n'aura plus ni grand capitaine, ni génie élevé dans les négociations, ni discipline militaire, ni bonne police dans les peuples. Ce roi, toujours caché et toujours impraticable, comme les rois de l'Orient, abattra le dedans de l'Espagne et soulèvera les nations éloignées qui dépendent de cette monarchie. Ce grand corps tombera de lui-même et ne servira plus que d'exemple de la vanité des trop grandes fortunes. Un État réuni et médiocre, quand il est bien peuplé, bien policé, bien cultivé pour les Arts et pour les Sciences utiles; quand il est d'ailleurs gouverné selon ses lois, avec modération, par un prince qui rend lui-même la justice et qui va lui-même à la guerre, promet quelque chose de plus heureux qu'une vaste monarchie qui n'a plus de tête pour réunir le gouvernement. Si vous ne voulez pas m'en croire, attendez un peu ; nos arrière-neveux vous en diront des nouvelles.

Marguerite de Valois, sœur de François Ier
(D'après une gravure du temps.)

« CHARLES. — Hélas! je ne prévois que trop la vérité de vos prédictions. La prévoyance de ces malheurs, qui renverseront tous mes ouvrages, m'a découragé et m'a fait quitter l'Empire. Cette inquiétude troublait mon repos dans ma solitude de Saint-Just (1) ».

La retraite de Charles-Quint n'a été, en effet, qu'une image trop fidèle de cette gloire éclipsée à laquelle il survivait. En France, au contraire, la mort de François Ier, pas plus que les défaillances de ses successeurs, ne changea rien au cours des choses. La monarchie française demeura telle qu'elle était, tandis que la couronne d'Espagne se démembrait peu à peu.

VII

Dernières années de François Ier.

François Ier devait encore risquer une dernière tentative. Il comptait sur l'alliance des Turcs et sur ses liaisons avec les princes protestants d'Allemagne, de Danemark et de Suède; il s'était attaché particulièrement Guillaume de La Mark, duc de Clèves, en lui faisant épouser sa nièce Jeanne d'Albret, qui fut depuis mère de notre

(1) Au sujet des dernières allusions de ce Dialogue, consulter CHARLES-QUINT, de M. Édouard Cat.

Henri IV. Dans le courant de l'année 1542, il envahit presque en même temps le Roussillon, le Piémont, le Luxembourg, le Brabant et la Flandre. Soliman joignit sa flotte à celle de la France; elles bombardèrent inutilement le château de Nice (23 août 1543). Mais cette alliance, pour laquelle l'Europe n'était pas encore mûre, indisposa toute la Chrétienté. L'Empire se déclara contre l'allié des Turcs. Le roi d'Angleterre, réconcilié avec Charles depuis la mort de Catherine d'Aragon, prit parti contre François Ier, qui avait donné sa fille au roi d'Ecosse. Henri VIII défit Jacques V, Charles-Quint accabla le duc de Clèves, et tous deux, n'ayant plus rien à craindre derrière eux, se concertèrent pour envahir les Etats de François. La France, seule contre tous, déploya une vigueur inattendue : elle combattit avec cinq armées, étonna les confédérés par la brillante victoire de Cérisolles, où l'infanterie gagna la bataille, perdue par la gendarmerie (14 avril 1544). L'Empereur, mal secondé par Henri VIII et rappelé par les progrès de Soliman en Hongrie, signa, à Crépy (18 septembre), un traité par lequel François renonçait à Naples et lui-même à la Bourgogne; le duc d'Orléans devait être investi du Milanais. Les rois de France et d'Angleterre ne tardèrent pas à conclure la paix à leur tour.

La fin du règne de François Ier fut attristée par des persécutions religieuses. On peut faire valoir comme circonstance atténuante l'affaiblissement moral dans lequel son état de souffrance avait jeté ce prince. D'autre part, la grandeur des difficultés et la nouveauté des situations excédaient ses forces : il lui eût fallu, pour les dénouer, une ampleur de génie qui ne lui avait pas été donnée. Mais il pouvait encore, obéissant à des suggestions pressantes, faire plus de mal; il s'y refusa. Son caractère chevaleresque n'excluait pas la finesse; il entrevit la puissance de l'idée qui inspirait la Réforme, et la combattit le moins possible. Cela doit lui être compté.

Depuis longtemps déjà, une fièvre lente consumait ce monarque, qui errait de château en château sans trouver nulle part de repos ni de soulagement. Il fut, enfin, obligé de s'aliter à Rambouillet, et les progrès d'un ulcère invétéré, qui le tourmentait depuis huit ans, ne laissèrent bientôt plus d'espoir. Il expira le 31 mars 1547, dans sa cinquante-troisième année, après avoir régné trente-deux ans. Son règne avait été l'apogée du pouvoir royal en France avant le ministère du cardinal de Richelieu.

« A la multiplicité des événements, au vaste mouvement des idées et des faits on eût pu croire que ce règne avait rempli tout un siècle. Aucun roi de France antérieur à Louis XIV, si l'on excepte celui qui ne fut pas seulement un grand roi, mais un grand homme, Henri IV, n'a conservé autant de prestige dans le souvenir des peuples que le brillant monarque de la Renaissance. Les historiens des nations que François Ier avait combattues, les Protestants qu'il avait si durement persécutés ont confirmé, en partie, les louanges des lettrés, des artistes et des historiens de cour. Les effroyables calamités qui remplirent la seconde moitié du XVIe siècle ont servi la mémoire de François Ier, en habituant les hommes des générations suivantes à tourner leurs yeux avec regret vers le temps de ce monarque, comme vers un âge de bonheur et de gloire. C'est là une illusion rétrospective dont l'histoire offre de fréquents exemples (1) ».

L'historien moderne n'a pas le droit de se montrer plus rigoureux envers François Ier que les frères de ses victimes. « O pieux spectateur, s'écriait Théodore de Bèze en plaçant l'image de ce prince parmi celles des Réformateurs, ne frémis pas à la vue de cet adversaire ! Ne doit-il pas avoir part à cet honneur celui qui, ayant chassé du monde la Barbarie, mit à la place les trois langues (l'hébreu, le grec, le latin) et les bonnes lettres comme pour ouvrir les portes de l'Édifice nouveau ?... »

Oui, voilà bien ce qui lui a créé son auréole, ce qui la lui a conservée aux yeux séduits de la postérité. En favorisant l'essor de la Renaissance, en s'entourant d'artistes, de poètes, de savants de tout ordre et de toute origine, il a mérité le titre de Précurseur; et, qu'il l'ait voulu ou non, qu'il l'ait compris ou non, il a contribué, au premier rang, au triomphe de l'Idée sur la Force, à la transformation des choses et des hommes, et c'est à ce titre qu'il est et restera glorifié.

Il nous reste, maintenant, à donner un aperçu sommaire de l'influence que prirent sous son règne l'Art, les Lettres et la Science.

(1) H. Martin, *Hist. de Fr.*, t. VIII, livr. 49, p. 358.

VIII

Les Lettres, les Sciences et les Arts en France.

Ce fut l'Italie qui forma le goût artistique de François Ier et qui affina aussi son sentiment littéraire, très réel, comme le prouvent les vers, parfois très heureux, qu'on possède de lui. Mais ce que surtout le roi comprit dans l'art italien, ce ne furent point ces contrastes redoutables, ces profondes conceptions, ces génies douloureux et tourmentés qui eurent nom Michel-Ange ou Machiavel; ce furent les créations enchanteresses de Raphaël, sous leur aspect charmant plus que dans leur haute idéalité, et les souriantes peintures de Léonard de Vinci, cette *Joconde* surtout, un des joyaux de notre Louvre, qu'il paya 4.000 écus d'or. L'affection fut, du reste, réciproque entre le roi et ces artistes. François gagna l'attachement des maîtres italiens moins encore par sa libéralité que par son admiration intelligente : on voit bien que les louanges qu'ils prodiguent dans leurs écrits au « grand roi de France » partent réellement du cœur. Tous les souverains du xvie siècle, il est vrai, honoraient et protégeaient les Arts par goût ou par politique; mais aucun prince étranger à l'Italie ne mit, dans ses rapports avec les artistes, autant de grâce, d'effusion et de sympathie sincère que François Ier, lequel aima ceux-ci non pas seulement comme roi, mais comme homme. Il enleva Léonard à Rome, l'attira en

France. Il y combla d'égards et de bienfaits. On
sait de quelle façon touchante il mourut, en 1519.
dans les bras du roi. au château de Clous, près
Amboise. Du tombeau de ce grand homme est
véritablement éclose la peinture française. Ses
leçons et l'arrivée des chefs-d'œuvre des autres
que le roi faisait venir à hauts prix d'Italie ou-
vrirent un nouveau monde à l'imagination gauloise. Lorsque arrivait en France un tableau de
Raphaël. le *Saint Michel* ou la *Sainte Famille* par
exemple, François Ier lui faisait une réception
aussi solennelle que les rois d'autrefois l'eussent
pu faire aux pieuses reliques venues d'Orient. et
c'était une marque de haute faveur que d'être
admis à contempler furtivement le chef-d'œuvre
avant le jour où, au son des fanfares. il était
dévoilé aux regards avides de la Cour dans la
plus riche galerie du palais.

Cet appel fut entendu. Vers 1520 parut Jean
Cousin. ce vigoureux et savant artiste par qui
s'opéra. chez nous, la transition de la peinture
sur verre à la peinture à l'huile, et qui fut également grand dans l'un et l'autre genre, bien que
la plupart de ses ouvrages appartiennent encore
à l'ancien procédé. Universel comme les maîtres
italiens. peintre. sculpteur. architecte, géomètre.
perspectiviste, il n'était pas sans quelque sorte de
parenté avec Michel-Ange par le caractère inspiré
de ses créations. A ses côtés brillaient encore
Roulland-Leroux. Roger Ango. Desaulbeaux. qui
poursuivaient les grands travaux de Rouen, et
Jean Juste. qui exécutait pour Saint-Denis le tombeau de Louis XII et d'Anne de Bretagne, œuvre

du plus pur classique par sa belle ordonnance et sa grâce harmonieuse. L'école de la grande sculpture française surgissait d'un seul coup.

C'est aux premières années du règne de François Ier qu'appartiennent les secondes constructions du château de Blois, préludes de travaux autrement considérables : on sent déjà l'influence de l'art italien dans l'aile nouvelle, qui diffère si essentiellement de celle édifiée par Louis XII ; le vieil ornementisme français tend à disparaître, mais l'originalité se maintient dans l'aspect général, et la magnifique cage d'escalier à jour, qui coupe d'une façon si pittoresque la ligne des bâtiments et qui n'est qu'une heureuse modification de la tour du xve siècle, devient le signe distinctif d'une nouvelle phase de l'architecture civile. Les seigneurs rivalisent alors avec le roi, bâtissant à l'envi, substituant aux antiques forteresses féodales, qu'ils rasent, les châteaux élégants et légers du goût mis à la mode. On les voit, de toutes parts, sortir du sol : c'est Madrid, c'est La Muette, ce sont Saint-Germain, Villers-Cotterets, Chantilly, Follembrai, Nantouillet. L'architecture nationale, menacée par l'envahissement croissant de la concurrence italienne, voulut alors résumer toute ses forces dans une œuvre maîtresse, afin de protester de sa vitalité propre par une dernière création d'une originalité éclatante (1526). « Qui n'a pas vu Chambord ne soupçonne pas tout ce qu'il y eut de fantastique poésie dans notre art du xvie siècle : c'est quelque chose d'indescriptible que l'aspect de ce palais de fées surgissant tout à coup aux yeux du voyageur, du fond des tristes bois de la Sologne, avec sa forêt de tourelles, de flèches, de campanilles aériennes qui détachent sur l'ardoise sombre des grands toits les belles teintes de leurs pierres gris de perle marquetées de mosaïques noires. Cette impression ne saurait être surpassée que par le spectacle dont on jouit sur les terrasses du donjon, au pied de la charmante coupole qui termine le grand escalier, centre et pivot de tout cet ensemble si vaste et si varié, et qui jaillit radieuse au-dessus des terrasses comme une fleur de cent pieds de haut. Partout, entre les lacs d'amour et les F couronnés, les mystérieuses salamandres vomissant des flammes rampent sur les frontons, se roulent dans les médaillons, se suspendent aux corniches et aux caissons des voûtes, pareilles aux dragons qui veillaient sur les châteaux enchantés de nos vieilles légendes, attendant le retour du maître qui ne reviendra plus (1) ». Cette splendide merveille, œuvre de Pierre Nepveu, de Blois, coûta environ 444.000 livres, somme énorme pour l'époque. Vers ce même temps, le sculpteur Jacques d'Angoulême osait concourir à Rome, pour l'érection d'un Christ, avec Michel-Ange, et obtenait un succès égal à son audace. Enfin, vers 1535, apparut Jean Goujon. A cette date, « la sculpture française de la Renaissance atteignait la plus haute perfection dont elle fût susceptible : aucun artiste italien de la même génération ne saurait se comparer, pour la beauté du style et la pureté du goût, à cet admirable statuaire, qui paraît n'avoir été apprécié à toute sa valeur que

(1) H. Martin, *loc. cit.*, t. VIII, p. 132.

sous le successeur de François Ier. Personne n'a depuis, en France ni en Europe, égalé sa grâce noble et fière : ses sveltes créations, aériennes divinités, ne semblent pas faites pour poser leurs pieds sur la terre. On peut admettre que Primatice ait eu quelque influence sur la direction de son génie ; mais les hommes de la force de Jean Goujon s'approprient glorieusement tout ce qu'on leur prête (1) ».

C'est donc la sculpture seule qui maintint, pendant cette période, l'honneur de l'art français : François Marchand, d'Orléans, Simon de Paris, Claude de Troyes, le sculpteur picard Laurent méritent encore d'être cités ; les vieilles écoles locales protestaient ainsi, du fond de leurs provinces, contre l'invasion étrangère, à laquelle elles disputaient pas à pas le terrain. Quant à la peinture, ce fut autre chose ; elle n'était point, d'ailleurs, assez forte pour lutter contre les prestiges ultramontains. Jean Cousin demeura isolé dans son indépendance. Il s'était formé, néanmoins, chez nous, quelques portraitistes habiles : Guéti et Corneille de Lyon, le célèbre Janet, Foulon, le pastelliste Dumoustier, et deux ou trois autres. Mais ce n'était point suffisant. Après la mort de Vinci, François Ier avait réussi à attirer en France André del Sarto ; mais cet artiste, coupable de torts graves envers le roi, retourna dans sa patrie après quatre années de séjour parmi nous. Ceux qui lui succédèrent furent moins aptes à leur tâche, qui était simplement de guider avec mesure et discernement nos peintres français : l'art ita-

(1) H. Martin, *loc. cit.*, ibid., p. 137.

lien, commençant lui-même à décliner, apporta
en France l'exagération d'abord, le maniérisme
ensuite.

Dans son ardeur de revivifier l'Art national, le
roi avait appelé d'Italie, en masse, architectes,
peintres, sculpteurs, ciseleurs, comme si tout
eût été à créer en France. Ce flot d'émigrants
choisis s'était installé à Fontainebleau, dans le
vieux manoir de Saint-Louis. La résidence parut
indigne, et il fut bientôt résolu qu'on la transfor-
merait. En 1528, Sébastien Serlio commençait un
nouvel édifice ; en 1532, une autre colonie d'artistes italiens en activait les travaux sous la direction du Florentin Rosso, admirable décorateur,
quoique d'imagination bizarre, que François Iᵉʳ
nomma son « valet de chambre » et « chanoine
de la Sainte-Chapelle ». A sa mort (1541), la con-
tinuation des travaux du château fut confiée au
peintre bolonais Primaticcio, qui fit venir, à titre
d'auxiliaires, Niccolo del Abbate et Paul-Ponce
Trebati, deux autres peintres de mérite, les architectes Vignole et Palladio, enfin le fameux cise-
leur Benvenuto Cellini. De pareils artistes don-
naient, assurément, au prince qui les appelait et
au pays qui les abritait un relief sans précédent,
fort jalousé des monarques voisins, notamment
de Maximilien, de Henri VIII et de Charles-Quint.
Leur fréquentation nous valut encore une dernière génération de grands architectes. Philibert
Delorme élevait à Lyon, en 1536, la façade de
l'église Saint-Nizier ; vers le même temps, Jean
Bullant débutait par la construction d'Ecouen,
pour le connétable de Montmorency, tandis que

Pierre Lescot commençait le nouveau Louvre. Mais l'influence italienne était, désormais, prédominante, la tradition de l'architecture nationale sombrait ; l'architecture religieuse elle-même, bien autrement enracinée dans notre sol par des siècles de gloire, finit par céder. C'est alors que satyres et nymphes entrent hardiment dans les temples du Christ ; c'est le temps où les arabesques enlacent de leurs charmantes et profanes guirlandes le pourtour du chœur de Chartres, suspendent leurs caprices féeriques aux balustres du chevet de Saint-Pierre de Caen, où le sanctuaire de la cathédrale d'Amiens se tapisse d'une merveilleuse forêt de bois sculpté fourmillante d'innombrables figures. Bientôt, de la décoration le style nouveau passe au système de la construction même des églises : Paris possède, notamment, dans Saint-Eustache et dans Saint-Étienne-du-Mont, deux spécimens intéressants de ces monuments de transition. C'est l'Histoire qui se démolit elle-même, c'est la monarchie de la Renaissance qui abat de ses propres mains la vieille royauté féodale.

Les Lettres suivent cet élan des Arts, ce qui était forcé, avec l'influence de l'Italie sans doute, mais en conservant leur pointe d'originalité et de saveur propres. La sœur du roi, l'aimable et docte Marguerite, donne l'exemple, en écrivant coup sur coup des chansons, des mystères, des poésies de toute sorte, et surtout ces fameux *Contes de la reine de Navarre*, plus libres de forme que de fond, qui ont fait son renom. Chacun s'en mêle : courtisans, magistrats et savants versifient à l'envi.

De ce concours de beaux-esprits sort un vrai
poète, le premier de notre littérature moderne
auquel on puisse accorder ce titre, malgré quelques restes de mauvais goût et une versification
encore imparfaite. La renommée de Clément
Marot a traversé victorieusement les révolutions
littéraires où les poètes, plus orgueilleux, de la
période suivante ont fait naufrage. Tout en se
bornant à user des instruments à lui transmis
par la poétique qui l'avait précédé, il fait montre
d'une chaude couleur, d'une délicatesse, d'un bon
sens, d'une précision, d'une clarté, surtout d'une
spontanéité remarquables. Il absorbe tous ses de-
vanciers, qu'il surpasse, et reste le symbole du
mouvement intellectuel de son temps. Après lui
vient Mellin de Saint-Gelais, qui importe le « son-
net » d'Italie; puis encore Victor Brodeau, Mau-
rice Scève, Héroët, et l'imprimeur Gilles Corrozet,
moins connu aujourd'hui par ses vers que par
son livre sur les *Antiquités de Paris.*

Tout à côté naît et progresse également la littérature savante. La langue grecque, principale-
ment, compte des dévots fanatiques : Pierre Danès,
Guillaume Budé, Jacques Le Fèvre d'Étaples brillent au premier rang des hellénistes illustres.
L'évêque Pierre Duchâtel, Lazare de Baïf, qui tra-
duit en vers français les tragiques grecs, Guillaume Cop, de Bâle, premier médecin du roi, tra-
ducteur d'Hippocrate et de Galien, Jules-César
Scaliger, de Vérone, naturalisé français en 1528,
s'illustrent au second rang. Notons encore toute
la pléiade des doctes imprimeurs, les Badius
Ascensius, les Gourmont, les Colines, les Estienne,

qui marchent de pair avec les premiers savants du siècle : et, pour finir, les quatre frères Du Bellay, ces grands seigneurs érudits, protecteurs si compétents des lettrés moins favorisés qu'eux de la fortune.

La science pure compte, d'autre part, des apôtres aussi fervents. Les Jurisconsultes, notamment, brillent d'un vif éclat. A l'école du milanais Alciat, que François Ier nomme à l'Université de Bourges, se forme une pléiade de juristes distingués, Pierre de l'Estoile, Duaren, Tiraqueau, Arnoul du Ferrier, Chasseneux qui, le premier, s'efforce d'éclaircir le Droit coutumier et de le concilier avec le Droit romain, et, entre tous, le fameux Charles Dumoulin, qui cherchera l'unification du Droit féodal. La Médecine, à son tour, entre dans le champ des réformes : Pierre Brissot, Ruel et Gonthier portent les premiers coups à la routine, tandis que Fernel, peu après, ouvre la voie, par ses découvertes, à celui qui sera bientôt Ambroise Paré. Les travaux de Rondelet sur les sciences naturelles, de l'évêque Pellissier sur la botanique, d'Oronce Finé sur les mathématiques, l'astronomie, la mécanique et la géographie, ceux de Simon Grynœus sur les grands voyages de découvertes qui venaient de remuer le monde ancien méritent également d'être rappelés.

Le couronnement de cette renaissance littéraire fut la création, en 1529, du *Collège royal* (Collège de France). François Ier appela à y professer les savants les plus justement renommés de la France et de l'étranger : François Vatable, Pierre Danès, Toussain, Noël Bedier, Le Maçon, Pierre Galland,

Guillaume Postel, Guillaume Budé révélaient à la foule des auditeurs enthousiasmés les splendeurs oubliées des langues mortes ou les démonstrations positives des sciences exactes, aidés eux-mêmes dans cette tâche de relèvement intellectuel par d'autres érudits, tels que Vidus-Vidius et Poblacion, attirés à prix d'or et d'honneurs de l'Italie et de l'Espagne. La création de l'Imprimerie royale fut l'appendice nécessaire et glorieux de celle du Collège royal.

Telle a été l'œuvre artistique, scientifique et littéraire de François Ier. Dans leur reconnaissance, les contemporains lui ont décerné le titre de « Père des Lettres » : l'impartiale postérité le lui a confirmé, et c'est par lui qu'il vivra à jamais dans la mémoire des peuples.

TABLE DES MATIÈRES

PARIS. — IMP. CHAIX, SUCC. DE SAINT-OUEN. — 2870-2.